Dieses
"One Line a Day"
Tagebuch
gehört:

1. Januar

20

20

20

20

20

2. Januar

20

20

20

20

20

3. Januar

20

20

20

20

20

4. Januar

20

20

20

20

20

5. Januar

20

20

20

20

20

6. Januar

20

20

20

20

20

7. Januar

20

20

20

20

20

8. Januar

20

20

20

20

20

9. Januar

20

20

20

20

20

10. Januar

20

20

20

20

20

11. Januar

20

20

20

20

20

12. Januar

20

20

20

20

20

13. Januar

20

20

20

20

20

14. Januar

20

20

20

20

20

15. Januar

20

20

20

20

20

16. Januar

20

20

20

20

20

17. Januar

20

20

20

20

20

18. Januar

20

20

20

20

20

19. Januar

20

20

20

20

20

20. Januar

20

20

20

20

20

21. Januar

20

20

20

20

20

22. Januar

20

20

20

20

20

23. Januar

20

20

20

20

20

24. Januar

20

20

20

20

20

25. Januar

20

20

20

20

20

26. Januar

20

20

20

20

20

27. Januar

20

20

20

20

20

28. Januar

20

20

20

20

20

29. Januar

20

20

20

20

20

30. Januar

20

20

20

20

20

31. Januar

20

20

20

20

20

1. Februar

20

20

20

20

20

2. Februar

20

20

20

20

20

3. Februar

20

20

20

20

20

4. Februar

20

20

20

20

20

5. Februar

20

20

20

20

20

6. Februar

20

20

20

20

20

7. Februar

20

20

20

20

20

8. Februar

20

20

20

20

20

9. Februar

20

20

20

20

20

10. Februar

20

20

20

20

20

11. Februar

20

20

20

20

20

12. Februar

20

20

20

20

20

13. Februar

20

20

20

20

20

14. Februar

20

20

20

20

20

15. Februar

20

20

20

20

20

16. Februar

20

20

20

20

20

17. Februar

20

20

20

20

20

18. Februar

20

20

20

20

20

19. Februar

20

20

20

20

20

20. Februar

20

20

20

20

20

21. Februar

20

20

20

20

20

22. Februar

20

20

20

20

20

23. Februar

20

20

20

20

20

24. Februar

20

20

20

20

20

25. Februar

20

20

20

20

20

26. Februar

20

20

20

20

20

27. Februar

20

20

20

20

20

28. Februar

20

20

20

20

20

29. Februar

20

20

20

20

20

1. März

20

20

20

20

20

2. März

20

20

20

20

20

3. März

20

20

20

20

20

4. März

20

20

20

20

20

5. März

20

20

20

20

20

6. März

20

20

20

20

20

7. März

20

20

20

20

20

8. März

20

20

20

20

20

9. März

20

20

20

20

20

10. März

20

20

20

20

20

11. März

20

20

20

20

20

12. März

20

20

20

20

20

13. März

20

20

20

20

20

14. März

20

20

20

20

20

15. März

20

20

20

20

20

16. März

20

20

20

20

20

17. März

20

20

20

20

20

18. März

20

20

20

20

20

19. März

20

20

20

20

20

20. März

20

20

20

20

20

21. März

20

20

20

20

20

22. März

20

20

20

20

20

23. März

20

20

20

20

20

24. März

20

20

20

20

20

25. März

20

20

20

20

20

26. März

20

20

20

20

20

27. März

20

20

20

20

20

28. März

20

20

20

20

20

29. März

20

20

20

20

20

30. März

20

20

20

20

20

31. März

20

20

20

20

20

1. April

20

20

20

20

20

2. April

20

20

20

20

20

3. April

20

20

20

20

20

4. April

20

20

20

20

20

5. April

20

20

20

20

20

6. April

20

20

20

20

20

7. April

20

20

20

20

20

8. April

20

20

20

20

20

9. April

20

20

20

20

20

10. April

20

20

20

20

20

11. April

20

20

20

20

20

12. April

20

20

20

20

20

13. April

20

20

20

20

20

14. April

20

20

20

20

20

15. April

20

20

20

20

20

16. April

20

20

20

20

20

17. April

20

20

20

20

20

18. April

20

20

20

20

20

19. April

20

20

20

20

20

20. April

20

20

20

20

20

21. April

20

20

20

20

20

22. April

20

20

20

20

20

23. April

20

20

20

20

20

24. April

20

20

20

20

20

25. April

20

20

20

20

20

26. April

20

20

20

20

20

27. April

20

20

20

20

20

28. April

20

20

20

20

20

29. April

20

20

20

20

20

30. April

20

20

20

20

20

1. Mai

20

20

20

20

20

2. Mai

20

20

20

20

20

3. Mai

20

20

20

20

20

4. Mai

20

20

20

20

20

5. Mai

20

20

20

20

20

6. Mai

20

20

20

20

20

7. Mai

20

20

20

20

20

8. Mai

20

20

20

20

20

9. Mai

20

20

20

20

20

10. Mai

20

20

20

20

20

11. Mai

20

20

20

20

20

12. Mai

20

20

20

20

20

13. Mai

20

20

20

20

20

14. Mai

20

20

20

20

20

15. Mai

20

20

20

20

20

16. Mai

20

20

20

20

20

17. Mai

20

20

20

20

20

18. Mai

20

20

20

20

20

19. Mai

20

20

20

20

20

20. Mai

20

20

20

20

20

21. Mai

20

20

20

20

20

22. Mai

20

20

20

20

20

23. Mai

20

20

20

20

20

24. Mai

20

20

20

20

20

25. Mai

20

20

20

20

20

26. Mai

20

20

20

20

20

27. Mai

20

20

20

20

20

28. Mai

20

20

20

20

20

29. Mai

20

20

20

20

20

30. Mai

20

20

20

20

20

31. Mai

20

20

20

20

20

1. Juni

20

20

20

20

20

2. Juni

20

20

20

20

20

3. Juni

20

20

20

20

20

4. Juni

20

20

20

20

20

5. Juni

20

20

20

20

20

6. Juni

20

20

20

20

20

7. Juni

20

20

20

20

20

8. Juni

20

20

20

20

20

9. Juni

20

20

20

20

20

10. Juni

20

20

20

20

20

11. Juni

20

20

20

20

20

12. Juni

20

20

20

20

20

13. Juni

20

20

20

20

20

14. Juni

20

20

20

20

20

15. Juni

20

20

20

20

20

16. Juni

20

20

20

20

20

17. Juni

20

20

20

20

20

18. Juni

20

20

20

20

20

19. Juni

20

20

20

20

20

20. Juni

20

20

20

20

20

21. Juni

20

20

20

20

20

22. Juni

20

20

20

20

20

23. Juni

20

20

20

20

20

24. Juni

20

20

20

20

20

25. Juni

20

20

20

20

20

26. Juni

20

20

20

20

20

27. Juni

20

20

20

20

20

28. Juni

20

20

20

20

20

29. Juni

20

20

20

20

20

30. Juni

20

20

20

20

20

1. Juli

20

20

20

20

20

2. Juli

20

20

20

20

20

3. Juli

20

20

20

20

20

4. Juli

20

20

20

20

20

5. Juli

20

20

20

20

20

6. Juli

20

20

20

20

20

7. Juli

20

20

20

20

20

8. Juli

20

20

20

20

20

9. Juli

20

20

20

20

20

10. Juli

20

20

20

20

20

11. Juli

20

20

20

20

20

12. Juli

20

20

20

20

20

13. Juli

20

20

20

20

20

14. Juli

20

20

20

20

20

15. Juli

20

20

20

20

20

16. Juli

20

20

20

20

20

17. Juli

20

20

20

20

20

18. Juli

20

20

20

20

20

19. Juli

20

20

20

20

20

20. Juli

20

20

20

20

20

21. Juli

20

20

20

20

20

22. Juli

20

20

20

20

20

23. Juli

20

20

20

20

20

24. Juli

20

20

20

20

20

25. Juli

20

20

20

20

20

26. Juli

20

20

20

20

20

27. Juli

20

20

20

20

20

28. Juli

20

20

20

20

20

29. Juli

20

20

20

20

20

30. Juli

20

20

20

20

20

31. Juli

20

20

20

20

20

1. August

20

20

20

20

20

2. August

20

20

20

20

20

3. August

20

20

20

20

20

4. August

20

20

20

20

20

5. August

20

20

20

20

20

6. August

20

20

20

20

20

7. August

20

20

20

20

20

8. August

20

20

20

20

20

9. August

20

20

20

20

20

10. August

20

20

20

20

20

11. August

20

20

20

20

20

12. August

20

20

20

20

20

13. August

20

20

20

20

20

14. August

20

20

20

20

20

15. August

20

20

20

20

20

16. August

20

20

20

20

20

17. August

20

20

20

20

20

18. August

20

20

20

20

20

19. August

20

20

20

20

20

20. August

20

20

20

20

20

21. August

20

20

20

20

20

22. August

20

20

20

20

20

23. August

20

20

20

20

20

24. August

20

20

20

20

20

25. August

20

20

20

20

20

26. August

20

20

20

20

20

27. August

20

20

20

20

20

28. August

20

20

20

20

20

29. August

20

20

20

20

20

30. August

20

20

20

20

20

31. August

20

20

20

20

20

1. September

20

20

20

20

20

2. September

20

20

20

20

20

3. September

20

20

20

20

20

4. September

20

20

20

20

20

5. September

20

20

20

20

20

6. September

20

20

20

20

20

7. September

20

20

20

20

20

8. September

20

20

20

20

20

9. September

20

20

20

20

20

10. September

20

20

20

20

20

11. September

20

20

20

20

20

12. September

20

20

20

20

20

13. September

20

20

20

20

20

14. September

20

20

20

20

20

15. September

20

20

20

20

20

16. September

20

20

20

20

20

17. September

20

20

20

20

20

18. September

20

20

20

20

20

19. September

20

20

20

20

20

20. September

20

20

20

20

20

21. September

20

20

20

20

20

22. September

20

20

20

20

20

23. September

20

20

20

20

20

24. September

20

20

20

20

20

25. September

20

20

20

20

20

26. September

20

20

20

20

20

27. September

20

20

20

20

20

28. September

20

20

20

20

20

29. September

20

20

20

20

20

30. September

20

20

20

20

20

1. Oktober

20

20

20

20

20

2. Oktober

20

20

20

20

20

3. Oktober

20

20

20

20

20

4. Oktober

20

20

20

20

20

5. Oktober

20

20

20

20

20

6. Oktober

20

20

20

20

20

7. Oktober

20

20

20

20

20

8. Oktober

20

20

20

20

20

9. Oktober

20

20

20

20

20

10. Oktober

20

20

20

20

20

11. Oktober

20

20

20

20

20

12. Oktober

20

20

20

20

20

13. Oktober

20

20

20

20

20

14. Oktober

20

20

20

20

20

15. Oktober

20

20

20

20

20

16. Oktober

20

20

20

20

20

17. Oktober

20

20

20

20

20

18. Oktober

20

20

20

20

20

19. Oktober

20

20

20

20

20

20. Oktober

20

20

20

20

20

21. Oktober

20

20

20

20

20

22. Oktober

20

20

20

20

20

23. Oktober

20

20

20

20

20

24. Oktober

20

20

20

20

20

25. Oktober

20

20

20

20

20

26. Oktober

20

20

20

20

20

27. Oktober

20

20

20

20

20

28. Oktober

20

20

20

20

20

29. Oktober

20

20

20

20

20

30. Oktober

20

20

20

20

20

31. Oktober

20

20

20

20

20

1. November

20

20

20

20

20

2. November

20

20

20

20

20

3. November

20

20

20

20

20

4. November

20

20

20

20

20

5. November

20

20

20

20

20

6. November

20

20

20

20

20

7. November

20

20

20

20

20

8. November

20

20

20

20

20

9. November

20

20

20

20

20

10. November

20

20

20

20

20

11. November

20

20

20

20

20

12. November

20

20

20

20

20

13. November

20

20

20

20

20

14. November

20

20

20

20

20

15. November

20

20

20

20

20

16. November

20

20

20

20

20

17. November

20

20

20

20

20

18. November

20

20

20

20

20

19. November

20

20

20

20

20

20. November

20

20

20

20

20

21. November

20

20

20

20

20

22. November

20

20

20

20

20

23. November

20

20

20

20

20

24. November

20

20

20

20

20

25. November

20

20

20

20

20

26. November

20

20

20

20

20

27. November

20

20

20

20

20

28. November

20

20

20

20

20

29. November

20

20

20

20

20

30. November

20

20

20

20

20

1. Dezember

20

20

20

20

20

2. Dezember

20

20

20

20

20

3. Dezember

20

20

20

20

20

4. Dezember

20

20

20

20

20

5. Dezember

20

20

20

20

20

6. Dezember

20

20

20

20

20

7. Dezember

20

20

20

20

20

8. Dezember

20

20

20

20

20

9. Dezember

20

20

20

20

20

10. Dezember

20

20

20

20

20

11. Dezember

20

20

20

20

20

12. Dezember

20

20

20

20

20

13. Dezember

20

20

20

20

20

14. Dezember

20

20

20

20

20

15. Dezember

20

20

20

20

20

16. Dezember

20

20

20

20

20

17. Dezember

20

20

20

20

20

18. Dezember

20

20

20

20

20

19. Dezember

20

20

20

20

20

20. Dezember

20

20

20

20

20

21. Dezember

20

20

20

20

20

22. Dezember

20

20

20

20

20

23. Dezember

20

20

20

20

20

24. Dezember

20

20

20

20

20

25. Dezember

20

20

20

20

20

26. Dezember

20

20

20

20

20

27. Dezember

20

20

20

20

20

28. Dezember

20

20

20

20

20

29. Dezember

20

20

20

20

20

30. Dezember

20

20

20

20

20

31. Dezember

20

20

20

20

20

Printed in Poland
by Amazon Fulfillment
Poland Sp. z o.o., Wrocław

36695185R00107